UN RÉPUBLICAIN

Le Prince Lucien BONAPARTE

Il a été tiré de cet ouvrage
5 exemplaires numérotés sur *papier de Hollande*

FERNAND ENGERAND

UN RÉPUBLICAIN

Le Prince Lucien BONAPARTE

Conférence faite à Paris, Salle des Capucines,
le 21 Mai 1890

CAEN

IMPRIMERIE ET LITHOGRAPHIE A. LE BOYTEUX
Rue Saint-Pierre, 102 et 116

—

MDCCCLXXXX

A

S. A. J. LE PRINCE ROLAND BONAPARTE

AU PETIT-FILS DU PRINCE LUCIEN,

DONT LA SCIENCE AJOUTE UNE GLOIRE NOUVELLE

A UN NOM DEJA SI GLORIEUX,

CETTE ÉTUDE EST DÉDIÉE.

F. E.

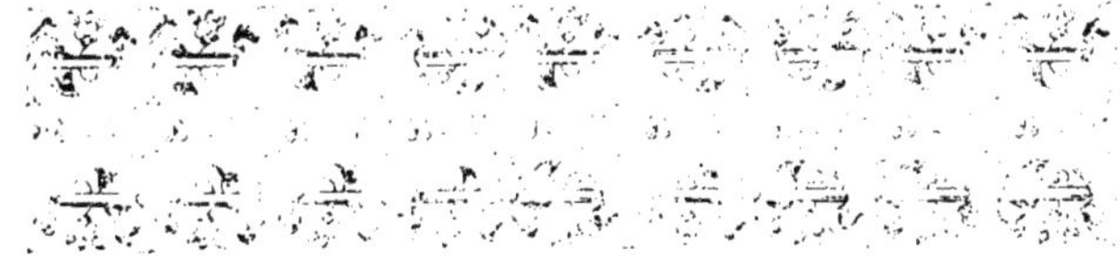

En 1847, Victor Hugo, demandant à la Chambre des Pairs de rouvrir aux membres de la famille Bonaparte les portes de France, qu'une loi — injuste comme toutes les lois d'exception — leur avait fermées, Victor Hugo s'écriait dans une vibrante apostrophe :

Quant à moi, en voyant les consciences qui se dégradent, l'argent qui règne, la corruption qui s'étend, les positions les plus hautes envahies par les passions les plus basses ; en voyant les misères du temps présent, je songe aux grandes choses du temps passé et je suis, par moments, tenté de dire à la Chambre, à la presse, à la France entière : « Tenez, parlons un peu de l'Empereur, cela nous fera du bien ! »

La situation est, aujourd'hui, exactement la même ; aussi ai-je tenu à rappeler ces éloquentes paroles de notre grand poëte, au début d'une conférence où nous aurons à réveiller les consolants souvenirs de la plus glorieuse période de notre histoire.

Pendant quelques instants, parlons donc un peu de l'Empereur et des Bonapartes !

La voix qui le fera, si peu autorisée soit-elle, sera, je l'espère, favorablement accueillie par un auditoire de Français indulgents.

§

En donnant à cette conférence, Messieurs, le titre que vous savez, je n'ai pas voulu, par un artifice de mots, essayer de surprendre la curiosité du public, pour lequel le paradoxe aura toujours des charmes.

J'espère vous prouver qu'il n'y a aucune opposition d'idées entre ce mot de République et ce nom de Bonaparte : il n'y a simplement qu'un préjugé populaire, destiné à disparaître dans un bref délai.

S. A. I. le prince Lucien Bonaparte fut un grand républicain, qui consacra son talent et son énergie à réaliser les conquêtes de la Révolution dans une République nationale, République plébiscitaire, ouverte à tous les dévouements et à toutes les bonnes volontés.

Les divers essais que nous avons faits de la République pourraient peut-être faire considérer comme une utopie, comme une conception d'artiste, une aussi grande idée : je le croirais, si, au début de ce siècle, la République consulaire n'eût réalisé ce programme et donné à la France quelques bienfaisantes années de bonheur et de prospérité, comme le reconnaît un écrivain, qu'il serait difficile de traiter de bonapartiste, M. le duc de Broglie :

Les dix premières années du règne de Henri IV, dit-il,

et les quatre années du Consulat de Bonaparte sont la
plus noble partie de l'histoire de France.

Et s'il était permis, Messieurs, d'envisager froide-
ment l'œuvre de Napoléon, peut-être arriverait-on à
reconnaitre que sa plus grande faute fut de ne pas
avoir toujours suivi les conseils de son frère Lucien,
et, en 1815, de n'avoir pas rétabli une République qu'il
eût pu diriger à son gré. C'était permettre à la France
de reprendre insensiblement l'habitude de la Monarchie
et de ne plus considérer aux heures douloureuses la
royauté comme un anachronisme.

Mais il est par trop aisé de prophétiser de la sorte,
et ces fautes-là, on ne les aperçoit généralement
qu'au bout d'un siècle ; le génie aura toujours raison
— même contre la raison, et le succès fera tourner
vite les têtes les plus solides.

Lucien Bonaparte, lui, aima comme une maitresse
cette République consulaire, qu'il avait en grande
partie contribué à établir, et dont il ne s'est jamais
consolé, dit-il, dans ses Mémoires, « d'avoir vu la
fâcheuse évaporation et surtout la transformation en
Empire purement et simplement despotique. »

Il était au séminaire d'Aix quand éclata la Révolution : aussitôt, il quitta la cellule pour le club, les
paisibles douceurs de la vie ecclésiastique pour la
mêlée politique.

Il parle dans les réunions publiques « avec la
conviction qui se communique, et la chaleur qui
entraine.» Un jour, au cours d'une promenade, il sauve
de la guillottine, à la force de l'éloquence, des roya-
listes, qui s'empressent de lui prouver leur gratitude
en le faisant incarcérer après le 9 thermidor.

Et plus tard, quand le Prince contait ce fait à ses enfants, il avait coutume de leur dire, avec une philosophie résignée et souriante : « Faites le bien toutes les fois que vous pourrez, mais sans compter sur la reconnaissance de ceux que vous obligerez, car l'ingratitude est essentiellement dans la nature humaine et la gratitude est l'exception ! »

Pendant que Lucien était en prison, son frère couvrait la France de gloire et s'illustrait par la première campagne d'Italie. Son influence fit sortir Lucien de prison et peu de temps après les Corses, par acclamation, l'envoyaient au Conseil des Cinq-Cents.

Le grand soleil du Midi, Messieurs, avait encore fait des siennes, car deux motifs — assez sérieux — s'opposaient à la validité de cette élection : la députation de la Corse était complète et le député n'avait pas l'âge de l'éligibilité.

Si M. le député Pichon était ici, je l'étonnerais fort en lui apprenant que le Conseil des Cinq-Cents, respectueux du suffrage universel jusque dans ses égarements, valida l'élection et même fit une loi spéciale pour n'avoir pas à repousser le frère du général Bonaparte.

Et quand on songe, Messieurs, que ce même Conseil des Cinq-Cents fut un peu..... bousculé au 18 Brumaire, on peut se demander où finira la Chambre de 1889 !

§

Lucien Bonaparte exerça en bon républicain et en sage politique le mandat que l'enthousiasme de ses compatriotes lui avait confié.

Il parla en faveur de la liberté de conscience, combattit le rétablissement d'impôts nouveaux sur les objets de première nécessité, dénonça les accaparements et les agissements scandaleux des détenteurs de la fortune publique. Jamais il ne fit d'opposition systématique.

Animé, dit-il, d'un républicanisme sincère, je croyais devoir garder mon indépendance individuelle entre les différents partis. N'osant pas aborder cette redoutable tribune, quelque bonne envie que j'en eusse, j'écoutais attentivement et je me piquais de voter tour à tour avec les directoriaux ou avec l'opposition, selon qu'ils me paraissaient avoir raison.

Comment alors, pourriez-vous me dire, concilier ces sentiments républicains dont Lucien se prévalait avec le rôle qu'il joua au 18 Brumaire ?

Pour cela, Messieurs, il suffit de bien montrer de quel côté se trouvaient, à cette époque, les vrais amis de la République.

Excédée par les années sanglantes de la Révolution, en lutte constante avec l'étranger, la France réclamait un gouvernement fort à la place d'un Directoire, frappé de cette démence qui, dès leur première faute, entraîne toujours les pouvoirs inférieurs à leur mission.

A l'intérieur, les finances étaient dilapidées, le Trésor vide, la rente tombée à 11 francs, les détenteurs de la fortune publique justement soupçonnés, les accapareurs et les agioteurs tout puissants ; le brigandage le plus odieux infestait la France, l'Ouest était toujours en insurrection et la République était

trahie. au profit de la royauté, par ceux-là même qui
avaient mission de la défendre.

Aux Assemblées, le temps était employé à étudier
ces questions dont Byzance. jadis. s'était fait un apa-
nage, que nos parlementaires d'aujourd'hui lui con-
testent victorieusement : une poignée de démagogues
empêchait toute discussion sérieuse et avait pris à
cœur de réveiller les haines anciennes ; les partis s'in-
vectivaient avec la dernière violence ; la presse, les
clubs poussaient ouvertement à la guerre civile, et
cela pendant que les puissances monarchiques entre-
tenaient contre la République française une **guerre**
incessante.

Un même sentiment d'anxiété étreignait toutes les
âmes et Sieyès le formulait un jour qu'il disait à
Lucien : « Nous n'avons donc pas une épée pour
nous ? Ah ! que votre frère n'est-il ici ! »

Vous avez sans doute remarqué, Messieurs. que les
grands événements arrivent toujours au moment où
on y pense le moins. et le 21 vendémiaire 1799 la
France éprouvait la plus joyeuse des surprises en
apprenant qu'un convoi. portant Bonaparte, venait
d'aborder à Fréjus.

« En débarquant. écrivait un journal de l'époque,
lui et tous les Français qui l'accompagnaient baisèrent
le sol libre de la France. »

C'est là un joli mouvement. qui ferait sourire nos
sceptiques « fin de siècle », mais qui était bien dans
le goût de cette Révolution qui, toujours, garda un
côté quelque peu théâtral.

Bonaparte est donc en France !

Un cri d'enthousiasme part de toutes les poitrines ;

on se sent délivré d'un pesant souci, sans trop savoir pourquoi : la joie publique éclate en illuminations, bals, concerts…, chants populaires.

Le peuple, qui est simpliste, ne voit qu'une chose : en face d'un pouvoir discrédité en général énergique, entouré du rayonnant prestige de ses victoires, jeune et, par conséquent, ambitieux, pauvre et n'ayant rien à risquer — que sa vie — pour gagner tout. L'issue d'un tel duel ne saurait être douteuse, et, sans que Bonaparte ait dit un mot, des milliers de citoyens sont prêts à l'aider dans l'œuvre qu'ils soupçonnent.

Lucien, qui n'a que 24 ans, se voit porté à la présidence du Conseil des Cinq-Cents.

Mais avant de faire le coup de force le plus juste et le plus salutaire, il faut toujours trouver un prétexte, facile à saisir, et capable de rassurer les consciences aisément émues.

Ce prétexte, le Conseil des Cinq-Cents se charge de le fournir.

Dans cette Assemblée, vous ai-je dit, une poignée de démagogues prétend faire la loi à la majorité et semble avoir pris pour tâche de faire regretter au pays l'ancienne monarchie.

Ces fous furieux, comme les nommait Bonaparte, jamais la persuasion n'arrivera à les convaincre qu'ils s'exposent à perdre la République et les conquêtes si chèrement achetées de la Révolution.

Ces démagogues sont un danger public, et devant la trahison flagrante des directeurs et les menées des partisans de l'ancien régime, devant les menaces de guerre civile et les guerres étrangères sans cesse renaissantes, ce que la persuasion ne peut faire, il devient urgent que la force l'accomplisse !

Ceux qui n'ont pas vécu à cette époque, écrit encore le duc de Broglie, ne sauraient se faire une idée du profond découragement où la France était tombée dans l'intervalle qui s'écoula entre le 18 Fructidor et le 18 Brumaire... La gloire de ses armes était flétrie ; tous les efforts des honnêtes gens pour user régulièrement de leurs droits avaient été écrasés par la violence, on n'avait devant soi que le retour d'une anarchie sanglante, dont il était impossible de prévoir ni la durée, ni le terme, ni le remède. Le remède, ce fut le 18 Brumaire. Le 18 Brumaire fut une délivrance.

Lucien fut, à vrai dire, l'âme de cette mémorable journée.

Suivant une tactique constante, tous les partis cherchaient à accaparer le brillant général : les princes espéraient trouver en lui un Monck et le lui laissaient parfaitement entendre.

Ce fut Lucien qui mit Bonaparte en relations avec Sieyès ; ce fut dans sa maison de la rue Verte que furent arrêtées les dispositions importantes ; ce fut sous son instigation que le Conseil décréta de transférer le Corps Législatif à Saint-Cloud et de charger le général Bonaparte des mesures d'ordre à prendre pour exécuter ce décret et assurer la sûreté de la représentation nationale.

Il semble, Messieurs, — et je le dis sans la moindre amertume — il semble que parfois le courage civique soit incompatible avec l'héroïsme militaire, que des soldats, qui risquèrent vingt fois leur vie sur des champs de bataille, se laisseront intimider par une assemblée d'avocats.

Bonaparte en fut un exemple dans cette journée du 18 Brumaire ; mais chez lui cette faiblesse ne dura que quelques instants.

Au moment où le député Grandmaison agitait devant le Conseil des Cinq-Cents « le manteau troué de la dictature ». Bonaparte entre avec ses quatre grenadiers dans l'enceinte législative.

Les clameurs indignées des démagogues. la consternation de ses amis. les cris de : « Hors la loi. le dictateur! » les menaces, les injures le troublent, et le héros du pont d'Arcole s'évanouit dans les bras de ses compagnons d'armes.qui l'entraînent hors du Conseil.

La partie eut été perdue sans l'admirable sang-froid de Lucien, qui présidait l'Assemblée. Avec une adresse infinie, devant les vociférations des démagogues, qui. enhardis par leurs succès, demandaient contre le dictateur l'application des « justes lois » chères à M. Joseph Reinach, Lucien abandonne son fauteuil de président. monte à la tribune pour défendre son frère: les menaces et les outrages l'en empêchent.

Alors, déposant sur la tribune sa toge et ses insignes, il se retire avec ses amis, réunit les grenadiers, saute sur le cheval d'un dragon et harangue la troupe : le président a été réduit à quitter le fauteuil. l'Assemblée est terrifiée par quelques représentants à stylets qui veulent mettre hors la loi leur « Petit Caporal »

Au nom de ce peuple. dit-il. qui depuis tant d'années est la victime ou le jouet de ces misérables enfants de la Terreur. je confie aux guerriers le soin de délivrer la majorité des représentants du peuple. afin que. protégés par les baïonnettes contre les stylets. nous puissions délibérer en paix sur les intérêts de la République.

Un roulement de tambour fait cesser les acclamations; le piquet réglementaire entre dans le Conseil, baïonnette au canon, et Messieurs les députés à stylets s'empressent d'aller faire un tour dans le parc ou le village de Saint-Cloud.

A 7 heures, la séance, si brusquement interrompue, fut reprise. Lucien parvint à faire approuver sa conduite par une majorité encore tremblante : Bonaparte, Sieyès et Roger-Ducos furent nommés consuls de la République française.

Cette journée du 18 Brumaire, Messieurs, venait de sauver la République, qui allait disparaître sous le double assaut de la guerre civile et de la guerre étrangère.

Et plus tard, à Sainte-Hélène, l'Empereur le reconnaissait, alors que le malheur lui permettait de porter sur les divers actes de sa vie ces jugements si justes que l'histoire ratifiera :

On a discuté métaphysiquement et on discutera longtemps si nous ne violâmes pas les lois, si nous ne fûmes pas criminels, mais ce sont autant d'abstractions bonnes tout au plus pour les livres et les tribunes et qui doivent disparaître devant l'impérieuse nécessité : autant vaudrait accuser de dégât le marin qui coupe ses mâts pour ne pas sombrer. Le fait est que la patrie sans nous était perdue et que nous la sauvâmes. Aussi les auteurs, les grands acteurs de ce mémorable coup d'Etat, au lieu de dénégations et de justifications, doivent-ils, à l'exemple de ce Romain, se contenter de répondre : Nous protestons que nous avons sauvé notre pays, venez avec nous en rendre grâces aux dieux !

Enfin, Lucien termina cette fameuse journée du 18 Brumaire, en recevant le serment des trois Consuls, « serment de fidélité inviolable à la souveraineté nationale, à la République française une et indivisible, à la légalité, à la liberté et... au système représentatif. »

§

Quand on étudie, Messieurs, l'époque qui précéda le 18 Brumaire, on est frappé de l'analogie qui existe entre la situation de la France en 1799 et la situation actuelle.

L'état d'âme de la France n'est-il pas aujourd'hui exactement celui de cette héroïne de Meilhac, répondant éperdûment à ce cri désespéré de l'amant : « Dis-moi ce que tu veux ! » — « Je n'en sais rien. »

Elle désire la République, mais c'est un peu comme une jeune fille, rêvant vaguement de mariage, sans bien distinguer les traits de l'époux futur.

Qui donc trouvera le mot de cette énigme toujours posée et si rarement résolue ; quel est le subtil analyste qui dira à la France ce qu'elle veut !

Celui-là, quel qu'il soit, je le salue, car il aura tiré d'un cruel embarras nombre de ses contemporains.

Le prince Napoléon, dont on ne saurait suspecter le républicanisme, écrivait à propos du 18 Brumaire :

L'alternative est terrible ! Il faut, pour le salut d'un peuple, jeter bas une machine légale, faussée, il est vrai, déjà pourrie, mais encore debout. Il faut sortir de la légalité, une légalité viciée par trois coups d'État. Il faut périr avec ce fétiche de constitution ou le renverser pour vivre. Les hommes les plus considérables, ceux qui comptent par leur patriotisme et leurs talents et qui ne sont pas proscrits, appellent, implorent le général d'agir.

Le général agit, et le 18 Brumaire sauva la France et la République.

La France — il serait superflu de le démontrer — ne peut vivre dans les conditions où elle se trouve aujourd'hui.

Il faut donc la sauver ; mais comment ?

Par la légalité, cela me semble impossible. Et d'ailleurs, la faction opportuniste ne l'a-t-elle déjà pas violée, cette légalité, par deux coups d'Etat dont l'un a permis de faire juger un citoyen, non par ses juges naturels, mais par ses pires ennemis ; l'autre, de confier un mandat législatif à un élu de la minorité.

Puisque le gouvernement combat ses adversaires par le coup d'Etat, pourquoi ceux-ci n'essaieraient-ils pas de lutter avec les mêmes armes pour secouer son étrange dictature. Et vous semble-t-il, Messieurs, qu'un bon citoyen soit criminel de souhaiter aujourd'hui contre « ce fétiche de Constitution » un nouveau 18 Brumaire, non pour renverser la République, mais pour la mettre en état d'assurer le salut de notre pays.

De quelque manière qu'on envisage la situation, il est évident que l'on ne pourra sauver la France que par la République.

Voyons si un bonapartiste peut s'associer à cette œuvre de salut sans renier pour cela les traditions napoléoniennes.

Napoléon III disait en commentant l'œuvre de son glorieux oncle :

Le meilleur gouvernement est celui qui remplit bien sa mission, c'est-à-dire qui, en se modelant sur l'état présent de la société, emploie les moyens nécessaires pour frayer une route plane et facile à la civilisation qui s'avance.

Aujourd'hui. Messieurs, quel gouvernement autre que la République pourrait se flatter d'accomplir pareille mission.

Le regretté Raoul Duval, enlevé trop tôt. hélas ! à la France, disait spirituellement que les mots avaient chez nous une terrible puissance et que ce mot de République en était un exemple.

Il fut un temps où un conservateur ne pouvait prononcer ce nom sans l'accompagner d'une moue dédaigneuse et. en cherchant bien, peut-être trouveriez-vous encore — en province — des gens sensés qui voient toujours la République sous les traits peu séduisants que lui prêtait jadis le *Triboulet* et qui, pour rien au monde, ne consentiraient à donner à leur fille ce prénom — si gracieux cependant — de Marianne.

Le mouvement d'opinion. créé sur le nom du général Boulanger, a beaucoup servi à la République ; profitons-en donc pour étudier le caractère et les causes de cette forme de gouvernement.

On peut dire qu'il en est des peuples comme des jeunes hommes : dans « leur première et jeune nouveauté ». ils ont besoin d'un guide pour les conduire, aussi la Monarchie se trouve-t-elle à l'origine des sociétés.

Mais plus ces peuples grandissent. plus leur expérience et leur éducation se perfectionnent et plus ils deviennent impatients de se conduire eux-mêmes.

Le progrès étant la loi du genre humain, les peuples

tendent donc à la République, qui est théoriquement le gouvernement idéal, celui du peuple par le peuple.

Notre pays, Messieurs, a suivi cette loi et, jusqu'au milieu du XVIIIe siècle, écouté docilement les conseils du tuteur royal qui veillait à ses destinées.

Mais le passage de l'obéissance filiale à l'entière indépendance ne saurait s'accomplir d'un coup, sans risquer de compromettre, par de fâcheux accidents, l'avenir du jeune adolescent.

Les parents intelligents connaissent ce moment et en profitent pour faire moins sentir leur autorité à leur enfant. Comprenant que la liberté lui doit être donnée à petites doses pour qu'elle ait plus de prix et de profit, ils le laissent en prendre des acomptes, fermant les yeux sur certaines escapades, lui donnant la clef de la maison, à la condition de ne pas rentrer trop tard.

Vers le milieu du XVIIIe siècle, la France, comme le Chérubin du *Mariage de Figaro*, « s'élança à la puberté » et les rois, qui ne connaissaient rien à cette psychologie de la jeunesse, refusant de laisser au peuple les rênes plus libres, celui-ci se débarrassa violemment de ce frein contrariant et du concours de ce tuteur.

L'ivresse de son indépendance jeta le pays dans les excès de la Révolution, et les embarras que lui créèrent les amis de ses anciens maîtres lui firent comprendre le besoin qu'il avait d'un protecteur.

Ce protectorat, Messieurs, fut Napoléon qui, en quelque sorte, joua vis-à-vis du peuple le rôle d'un père laissant son fils prendre petit à petit l'habitude de sa liberté.

L'œuvre de Napoléon, a écrit très justement M. Renan, si l'on en excepte quelques erreurs personnelles à cet homme extraordinaire, n'est, en somme, que le programme révolutionnaire réalisé dans ses parties possibles. Napoléon, par son génie, aidé des merveilleuses ressources de la France, sauva la Révolution, lui donna une forme, une organisation et un prestige militaire inouïs.

La mission de la dynastie napoléonienne fut de faciliter en France le passage de la Monarchie à la République et ce fut un rôle curieux celui de nos deux Empereurs, travaillant à rendre un jour inutile le pouvoir dont leur maison était investie.

L'Empire a-t-il rempli la mission à laquelle il était destiné ? la France aujourd'hui peut-elle prospérer dans la République ?

Je le crois, Messieurs, car il n'est pas téméraire de prétendre que, depuis le commencement du siècle, l'expérience du peuple s'est développée de façon à lui permettre de gérer ses affaires lui-même, aidé des judicieux conseils d'hommes réputés par leur raison et leur sagesse.

On peut, il est vrai, objecter le gouvernement que nous avons sous les yeux ; mais vous conviendrez qu'il m'est aisé de répondre que, depuis vingt ans, la République Française n'a jamais été le gouvernement du peuple par le peuple, mais la dictature d'un parlement pour devenir enfin celle de M. Constans.

C'est encore le pouvoir impérial qui s'est le plus rapproché de ce gouvernement du peuple par le peuple ; mais soyez assurés qu'une République bien gouvernée n'a rien de commun avec le gouvernement actuel et que la France pourrait retrouver avec elle les années de gloire et de prospérité des anciens Empires.

Beaucoup de personnes le reconnaissent qui se réclament de la tradition napoléonienne et se déclarent prêtes à accepter la République quand le peuple aura consacré par un plébiscite cette forme de gouvernement.

C'est là une consolation qu'un pouvoir habile et intelligemment républicain s'empresserait de leur donner : car, en présence de la dualité des partis monarchiques, de quelque façon que la question soit posée, elle ne saurait tourner qu'à l'avantage de la République.

Ne serait-il pas plus spirituel, à nous, bonapartistes, d'aller au devant de cette réponse, de nous donner le ton chevaleresque de beaux joueurs, tout en conservant une illusion de plus, et de dire au pays :

« On nous traite de factieux, on déclare que nous souhaitons une révolution, que nous poursuivons la perte de la République : ces allégations sont fausses, et la preuve, c'est que nous faisons au gouvernement actuel la gracieuseté de croire que la forme républicaine agrée à la majorité de la nation. Nous acceptons loyalement la République ; nous demandons seulement à la mettre en état d'apporter au pays les réformes qu'il attend !

« La République pour le peuple et par le peuple ! telle est notre devise !

« Nous voulons une République plébiscitaire et, par conséquent, démocratique, dont le chef, choisi par la nation, soit le premier représentant du peuple et non l'obligé de quelques députés ou sénateurs ;

« Nous voulons dans cette République un gouvernement qui gouverne, et ne se laisse pas mettre en tutelle par un Parlement dont l'idéal sera de profiter de la sujétion des ministres pour concentrer en lui l'autorité, la justice, les exemptions et les priviléges incompatibles avec l'idée républicaine ;

« Nous voulons une République où le dévouement de tous ceux qui ont la conscience et les mains nettes, puisse être utilisé pour le profit de la France ;

« Nous voulons une République qui puisse être indépendante de quelques hauts barons de la finance : qui ne favorise pas la concentration de la fortune publique entre les mains d'une dizaine de juifs étrangers ; qui ne permette pas à une famille d'édifier, en 75 ans, par le jeu de Bourse et l'accaparement, une fortune de 3 milliards et d'obtenir à ce prix sur la France je ne sais quelle monstrueuse royauté ;

« Nous voulons une République de conciliation, de pacification et de progrès, protectrice des faibles, respectueuse de toutes les libertés, conduite par des hommes qui sachent marcher en avant des idées de leur siècle et non leur faire obstacle ! »

Est-on hérétique, Messieurs, pour soutenir cette doctrine, qui fut celle de nos deux Empereurs !

Je ne le crois pas, car la franchise est la meilleure de toutes les politiques. La France aujourd'hui meurt du mensonge et acclamera la voix qui lui fera entendre une parole de vérité.

Acceptons donc l'idée républicaine, mais disons-le bien haut !

N'essayons pas, à la faveur d'équivoques et complaisantes ténèbres, de monter dans la République..... par l'escalier de service !

Entrons-y au grand jour et par l'escalier d'honneur !

L'escalier de service conduit aux logements des serviteurs; l'escalier d'honneur mène à l'appartement du maître.

Une fois, Messieurs, que le pays saura ce que nous voulons: il nous faudra trouver l'homme capable de réaliser ces volontés.

Cet homme où est-il, que fait-il ? je l'ignore: mais ce que je sais, c'est qu'il se lèvera et d'ici peu : car si les politiciens malfaisants créent les situations désespérées, ces situations, elles, suscitent les sauveurs !

Cet homme, quel qu'il soit, citoyen, prince ou général, devra d'abord s'inspirer des exemples des deux Napoléons, faire à Dieu et à son pays le sacrifice complet de sa vie, vivre en communion constante avec le peuple, lui demander ses inspirations et sa conduite, repousser le concours des spécialistes de la politique et des Parlements, en un mot vivre en Vieux de la Montagne accessible seulement au peuple !

Sachant que l'énergie seule fera triompher ces idées, il n'hésitera pas à sortir d'une légalité viciée pour rentrer dans le droit et donner à la France ce gouvernement, rêvé par Napoléon III : « Un pouvoir national, qui par sa stabilité et la conscience de sa force, soit exempt des passions et puisse donner protection à tous les partis sans rien perdre de son caractère national. »

Mais revenons, Messieurs, au prince Lucien, que nous avions quelque peu oublié.

L'habileté et la décision que le président du Conseil des Cinq-Cents avait montrées au 18 Brumaire le désignaient à une des fonctions les plus importantes du nouveau gouvernement.

Aussi Bonaparte l'appela-t-il, en 1799, au ministère de l'intérieur : le nouveau ministre n'avait que 24 ans et sa jeunesse se montra aussi sage que les vieilles expériences de parlementaires blanchis sous le harnois.

Lucien déploya dans ce département de l'intérieur, qui comprenait alors l'instruction publique, les lettres et les arts, une activité et une vigueur qui lui attirèrent l'estime de tous les patriotes et... la haine de M. de Talleyrand.

Il se signala surtout par la protection qu'il accorda aux lettres et aux arts : ses réceptions étaient en grande faveur auprès des poëtes et des littérateurs, et Fontanes, La Harpe, Boufflers, Chateaubriand fréquentaient assidûment ses salons.

Ce fut, d'ailleurs, Messieurs, la caractéristique de la famille du prince Lucien de fournir à la France une précieuse phalange de savants et de lettrés, sachant allier l'intrépidité guerrière aux paisibles distractions de l'art et de la science.

Le prince Lucien ne se contenta pas de protéger les lettres ; il fut poëte à ses heures, et, parfois, en petit comité, il avait coutume de lire une *Césaride*, qu'il avait composée jadis dans la prison d'Aix.

Ses enfants suivirent son exemple.

Le prince Charles Bonaparte fut membre correspondant de l'Institut de France et ornithologue distingué.

Le prince Louis-Lucien, qui parle et écrit couramment 70 langues ou dialectes, est un chimiste apprécié, et poursuit à Londres le cours de ses importants travaux scientifiques.

Le prince Antoine Bonaparte fut un agronome émérite, et la princesse Marie-Alexandrine, aussi remarquable par son esprit que par sa beauté, a laissé des poésies fort goûtées en Italie.

Le prince Pierre Bonaparte, dont l'avenir vengera la mémoire, fut, en même temps qu'un intrépide soldat, un homme aussi remarquable dans les sévères spéculations de la science que dans la culture des lettres et des arts. Il avait un âme de poète et de bon patriote, ce prince, qui, au dire d'un historien, exilé et retiré à quelques kilomètres de la frontière française, risque un jour sa liberté pour mettre le pied sur le sol de France, s'agenouille, baise cette terre si ardemment aimée et rentre en pays étranger, le cœur navré de douleur et les yeux pleins de larmes !

Enfin, Messieurs, aujourd'hui, les savants — et ceux qui, comme moi, ne le sont guère — sont unanimes à rendre l'hommage qu'elles méritent aux remarquables études d'histoire, d'ethnologie et d'anthropologie d'un petit-fils du prince Lucien, S. A. I. le prince Roland Bonaparte.

Si le prince Lucien fut un politique avisé et un sage lettré, il ne connut jamais, que pour en être victime, les perfidies parlementaires.

Les intrigues de M. de Talleyrand — diplomate et parlementaire sont tout un et ne vivent que de la même chose : l'exploitation du mensonge — les intrigues de M. de Talleyrand pour brouiller Bona-

parte et Lucien se déployèrent à leur aise pendant la
seconde campagne d'Italie, et, à la fin de cette guerre,
les rapports étaient tellement tendus entre les deux
frères qu'un jour où Bonaparte faisait à Lucien des
reproches sur un ton blessant, ce dernier jeta son
portefeuille sur la table du Premier Consul et se
retira.

Pour atténuer l'éclat de cette démission, on donna
à Lucien l'ambassade d'Espagne.

Lucien remplit ses nouvelles fonctions en honnète
homme. ennemi du mensonge et de la ruse, agissant
toujours avec franchise et loyauté. Il réussit pleine-
ment, et durant l'année qu'il resta à Madrid, il remplit
les deux principales clauses de sa mission: le prince
de Parme accepta le trône d'Etrurie et la Louisiane
fut rétrocédée à la France.

Dès son arrivée, il avait su se concilier l'affection
du roi et de la reine d'Espagne et du prince de la
Paix, qui ne savaient que faire pour s'attacher le
frère du Premier Consul.

Si l'argent était ma passion, écrivait Lucien à son frère,
je serais déjà millionnaire, car j'ai fait la conquête de toute
la famille et un mot équivoque suffirait pour que je fusse
accablé de trésors. Il me suffit de vous dire que je n'ose
pas regarder avec quelque attention une chose qui me
plaît dans la peur qu'elle me soit offerte.

Je pourrais nommer un ministre de la troisième
République dont la devise pourrait être : « Ceinture
dorée vaut mieux que bonne renommée », qui, en
pareille occurence, n'eût certainement pas agi avec
autant de réserve et de discrétion.

Après une nouvelle querelle de Bonaparte, Lucien donna sa démission, et, à sa rentrée à Paris, cédant aux sollicitations de son frère, il entra au Tribunat pour y défendre le projet de loi sur la création de la Légion d'Honneur. Grâce à son talent et à ses efforts, le Tribunat adopta, à une faible majorité, cependant, cette proposition qui venait trop tôt et choquait un peu ces idées d'égalité au nom desquelles la Révolution s'était faite.

Les causes, qui amenèrent la disgrâce de Lucien pendant les années heureuses de l'Empire, peuvent se ramener à une seule : Lucien était un indépendant qui, jamais, ne sut incliner ce qu'il considérait comme un devoir devant la volonté souvent despotique d'un frère dont il admirait le génie et dont il était prêt à défendre le pouvoir dont il avait puissamment contribué à établir.

Aussi cette indépendance se manifesta-t-elle en plusieurs occasions, qui, perfidement exploitées par M. de Talleyrand, devaient créer dans l'esprit plus que dans le cœur de Bonaparte, cette animosité qui devait plus tard devenir cruelle et implacable.

Le premier Consul jugea utile à sa politique de vendre aux États-Unis la Louisiane, que l'habileté de Lucien avait donnée à la France; celui-ci l'en blâma, et une scène violente eut lieu entre les deux frères.

Peu de temps après, Lucien, qui était un républicain convaincu, voyant la République consulaire tourner à l'Empire, en manifesta sa douleur à son frère et profita de la circonstance pour critiquer divers actes de sa politique intérieure : inutile de dire que ces reproches n'inspirèrent pas des sentiments plus affectueux au futur Empereur.

Mais voici quelle fut la difficulté qui décida la rupture définitive.

Bonaparte avait résolu de marier son frère Lucien à la jeune veuve du roi d'Étrurie : l'affaire avait été conclue par M. de Talleyrand ; tout le monde avait été consulté..... à l'exception de Lucien, qui avait trop d'indépendance pour se soumettre à cette terrible discipline empruntée aux monarchies et que Bonaparte essayait déjà d'introduire dans sa famille. Aussi, déclara-t-il nettement qu'il était assez grand pour se marier lui-même, qu'il n'épouserait jamais une Bourbon, mais une femme qu'il aimerait.

Sur ce point, Lucien se montra toujours inflexible ; pour lui il n'y avait pas d'autorité contre la loyauté du cœur.

Estimant avec nos bons aïeux que dans le mariage il était préférable d'offrir à la jeune épousée les prémices d'un cœur que de lui servir ce que Bossuet eût pu nommer : « les restes d'une ardeur qui s'éteint », il s'éprit, au sortir de l'adolescence, de la fille d'un aubergiste, Catherine Boyer, et l'épousa à 20 ans.

Il en fait le délicat portrait suivant :

Elle était grande, bien faite et svelte ; elle avait dans la taille et la démarche ce moelleux abandon et cette grâce native que donnent l'air et le ciel du Midi. Son regard était bienveillant, son sourire doux.

La jeune femme, ne sachant pas écrire, ne peut signer son acte de mariage et deux ans après, nous dit un historien : « c'était une des élégantes de

Paris, sachant au mieux ce qui lui seyait, faisant fort bien les honneurs d'un salon, où le Premier Consul lui-même ne dédaignait pas de se rencontrer avec Mme Récamier et l'élite de la société nouvelle. »

Lucien l'aimait beaucoup et sa mort, survenue en 1800, fut pour lui un véritable désespoir.

Trois ans après, il épousait en secret une jeune veuve, dont la beauté faisait alors sensation à Paris, Alexandrine de Bleschamp, qui était et fut toujours digne de l'affection de Lucien.

N'osant avouer de vive voix — et pour cause — sa situation à son frère, il l'en prévint par lettre : la missive alla trouver Bonaparte au milieu d'une fête qu'il donnait à la Malmaison. Dès qu'il en eut pris connaissance, il entra dans une colère terrible et, à la stupéfaction de tous, fit cesser de suite toutes les distractions.

Les menaces de Bonaparte ne purent vaincre la volonté de Lucien, qui dut s'éloigner et se réfugier à Rome pour n'avoir pas à subir le contre-coup de la fureur fraternelle.

Bonaparte devint alors l'empereur Napoléon et un sénatus-consulte du 18 mai 1804 déclarait « la dignité impériale héréditaire dans la descendance directe, naturelle et légitime de Napoléon Bonaparte de mâle en mâle, par ordre de primogéniture, et à l'exclusion perpétuelle des femmes et de leur descendance. A défaut d'héritier naturel et légitime ou d'héritier adoptif de Napoléon Bonaparte, la dignité était dévolue à Joseph Bonaparte et, à son défaut, à Louis Bonaparte. »

En 1806, Jérôme et les siens furent rétablis dans l'hérédité.

L'exception faite contre le prince Lucien subsista-t-elle ?

L'opinion généralement admise est affirmative ; cependant, à bien examiner la question, il me semble que sur ce point comme sur tant d'autres, l'opinion courante est erronée.

En effet, quand, en 1815, Lucien revint en France, l'Empereur lui avait promis de faire un sénatus-consulte à son sujet.

Ce sénatus-consulte fut-il signé et des adversaires ne profitèrent-ils pas du désordre qui régnait alors dans les administrations pour faire disparaître cet acte précieux ?

Je le crois, et voici quelques-unes des raisons qui laisseraient entendre que ce sénatus-consulte fut signé.

L'article 9 du sénatus-consulte du 18 mai 1804 dit :

« Les membres de la famille impériale, *dans l'ordre de l'hérédité*, portent le titre de Princes Français. » (Dans la suite, cette épithète fut remplacée par celle d'Altesse Impériale.)

Le 11 mai 1815, le *Journal de l'Empire*, le seul journal officiel de l'époque, dont l'Empereur en quelque sorte corrigeait les épreuves, le *Journal de l'Empire*, dis-je, refusait cette qualification d'Altesse Impériale au prince Lucien ; le 17 mai de la même année, il la lui donne, et, dans la suite, continue de la lui donner : ce qui indique que cette restitution de titre était chose acquise et ordonnée par le souverain.

En outre, Messieurs, l'article 4 de l'Acte additionnel, ayant trait à l'institution de la Chambre des

Pairs, déclare : « l'Empereur en nomme les membres »; et l'article 6: les membres de la famille impériale, *dans l'ordre de l'hérédité,* sont pairs de droit. »

Et la liste des membres de cette Chambre, composée par l'Empereur, et promulguée le 4 juin 1815, porte les noms suivants :

« Le prince archichancelier président ; le prince Joseph ; le prince Louis ; *le prince Lucien ;* le prince Jérôme : le cardinal Fesch ; etc., etc. »

Napoléon ne prouvait-il pas ainsi que l'exception faite contre Lucien était abrogée et que nul ressentiment ne pouvait plus désormais subsister entre lui et ce frère, venu spontanément partager ses dangers, lui qui, aux jours triomphants, n'avait connu que sa colère.

Plusieurs tentatives furent faites pour mettre fin à la disgrâce du prince Lucien ; mais l'Empereur exigeant que son frère répudiât la princesse Alexandrine, ce dernier s'y refusa et écrivit à Napoléon une lettre incomparable dont vous me permettrez de vous citer un extrait :

Sire, une dignité qui mettrait en évidence la défaveur qui pèse sur la chère moitié de moi-même m'avilirait à mes propres yeux : un titre que je ne pourrais point partager avec la mère de mes enfants serait un don funeste qui empoisonnerait tous mes jours. Par cette malheureuse faiblesse d'esprit, je croirais approuver l'exclusion humiliante dont ma femme est l'objet, moi qui sens, à chaque heure de ma vie, combien elle est loin de la mériter.

Lucien se retira ensuite à Tusculum, où, durant deux années, qui furent les plus heureuses de son exil, il cultiva la poésie.

Tout me souriait, dit-il : une femme adorée et toujours plus digne de l'être, des enfants charmants, toute la considération personnelle qui suffit à l'homme qui ne se croit pas au-dessus de ses semblables : l'affection paternelle — je puis dire l'honorable intimité — que le vertueux Pie VII m'avait accordée. En ces dispositions, j'ai trouvé trop de charmes pour ne pas éprouver de dégoût pour tout ce qui, même de loin, frise la politique.

Une dernière tentative de réconciliation fut faite en 1807, lors du passage de l'Empereur à Mantoue.

L'entrevue des deux frères revêtit un extraordinaire caractère de grandeur, et Lucien en raconte ainsi le principal épisode.

Napoléon, après avoir fait briller à mes yeux la couronne de la duchesse de Parme pour ma femme, croyant sans doute achever de me séduire, ajouta :

— Quant à vous, choisissez !

Pendant qu'il prononçait ces paroles, son regard étincelait de je ne sais quel éclat d'orgueil qui me parut satanique ; il frappa un grand coup de sa main, largement déployée, au milieu de l'immense carte d'Europe, qui était étendue sur la table et à côté de laquelle nous étions debout :

— Oui, choisissez, me dit-il : vous le voyez, je ne parle pas en l'air ; tout cela est à moi ou va bientôt m'appartenir. Voulez-vous Naples ? Je l'ôterai à Joseph, qui, d'ailleurs, ne s'en soucie ; il aime mieux Morfontaine..... L'Italie, le plus beau fleuron de ma couronne impériale ? Eugène n'en est que le vice-roi et, loin de la dédaigner, lui, il espère bien que je la lui donnerai, ou du moins que je la lui laisserai, s'il me survit. Il pourrait bien, sur ce point, être trompé dans son attente, car je vivrai 90 ans :

il le faut pour la parfaite consolidation de mon empire.....
L'Espagne ? Ne seriez-vous pas bien aise de régner là où
vous n'avez été qu'ambassadeur ! Enfin, que voulez-vous ?
Parlez : tout ce que vous voudrez ou pourrez vouloir est à
vous, si votre divorce précède le mien !

— Oh ! Sire, lui dis-je, sachez que même votre beau
royaume de France ne me tenterait pas au prix de mon
divorce.

Le prince Lucien ne devait plus désormais revoir
son frère qu'à l'heure de l'adversité.

La lutte entre l'Empereur et le Pape rendit sa situation d'autant plus délicate qu'il prit parti pour le Pape.

Napoléon lui ordonna de quitter Rome ; après
s'être réfugié à Florence, il fut contraint d'abandonner
cette ville et il se retira jusqu'en 1810 dans sa terre
de Canino, que Pie VII lui avait vendue.

Ne pouvant y échapper à la persécution de son
frère, bien qu'il n'eût d'autre ambition que celle
d'être aimé des siens et de se reposer des orages de
la politique dans le culte des lettres, il résolut de se
retirer en Amérique. Mais comme il sortait du port
de Cagliari, il fut fait prisonnier par les Anglais et
interné dans le comté de Worcester jusqu'en 1814.

Pendant ces deux dernières années, la fortune
commença à se détourner de l'Empereur ; après la
désastreuse campagne de Russie, résultat d'un malen-
tendu entre deux souverains qui ne voulaient cette
guerre ni l'un ni l'autre, après les sanglantes et
fatales journées de Leipzig, Napoléon fut abattu et
contraint de se retirer à l'île d'Elbe.

Le prince Lucien se trouvait alors à Rome, où le
pape Pie VII venait de l'élever à la dignité de prince
de Canino « prenant en considération, lisons-nous dans

le décret d'investiture, le loyal et sincère attachement que Lucien a toujours montré pour le Saint-Siége et particulièrement pour notre personne. »

Un document, que j'ai eu, il y a quelques mois, l'heureuse fortune de découvrir, permet de croire que Napoléon dut se réconcilier avec Lucien à cette époque.

Au moment du débarquement de l'Empereur au golfe Juan, Lucien était signalé au gouvernement royal comme aidant l'entreprise de son frère ; en effet, le 4 mars 1815, M. de Peyramont prévenait le gouverneur du fort de l'île Sainte-Marguerite que Lucien Bonaparte cherchait à débarquer sur la côte française. Et cet ordre, dont je garantis la parfaite authenticité, et qui comprend au plus une dizaine de lignes, se terminait par cette phrase que je cite textuellement :

« Si telle chose advenait que de le prendre (Lucien), ordre je donne de constater son identité et de le fusiller sans tarder. »   Peyramont.

Le 26 février 1815, après avoir assisté à la parade et à la messe, Napoléon quittait l'île d'Elbe et, le 1er mars, il débarquait au golfe Juan avec 1,200 hommes qui devaient prendre possession d'un Empire de 34 millions d'habitants.

Vous connaissez, Messieurs, cette merveilleuse marche sur Paris : suivant le mot de Napoléon, « la victoire marcha au pas de charge et l'aigle avec les couleurs nationales vola de clocher en clocher jusqu'aux tours de Notre-Dame ».

*
* *

Le 4 mai, le prince Lucien rentra à Paris, dont il

avait été éloigné pendant douze années. A son arrivée, l'Empereur, se jetant dans ses bras, lui passa au cou le grand cordon de la Légion d'honneur, avec lequel il avait fait le voyage de l'île d'Elbe à Paris, lui disant : « C'est trop honteux pour moi que vous ne l'ayez pas ! » Il reçut, en outre, en toute propriété, le Palais-Royal.

Une des premières visites du prince Lucien fut pour l'Institut, et le 18 mai, il lisait aux membres de cette Assemblée une ode contre les détracteurs d'Homère, qui lui contestaient l'*Odyssée*, « composition un peu didactique, pour ne pas dire un peu froide, lit-on dans le *Journal de l'Empire*, mais très bien conçue et très sagement écrite. »

Je n'ai lu, Messieurs, aucune poésie du prince Lucien, mais je croirais aisément qu'il s'entendait mieux à faire de bonne politique que d'excellents vers.

Aussitôt après le retour de l'île d'Elbe, l'Empereur avait résolu de réunir les collèges électoraux en Assemblée extraordinaire du Champ de Mai, afin de prendre les mesures convenables pour corriger et modifier les constitutions selon l'intérêt et la volonté du pays.

Le prince Lucien, à cette époque, se montra le politique avisé et l'homme de bon conseil que nous avons admiré au 18 Brumaire.

Voyant la situation des partis en France, l'aveuglement des Chambres, les menaces de désordre et guerre étrangère, il n'hésita pas à conseiller à l'Empereur de signer son abdication et de proclamer à nouveau la République à la face des rois coalisés.

« Ah ! sans doute, écrit à ce sujet un historien du prince Lucien, si Napoléon, après un miraculeux retour, eût ressuscité le consulat : si la *Marseillaise*, terreur des rois absolus, s'était élancée de sa vaste poitrine, comme le cri d'Achille après les funérailles de Patrocle ; si sa voix, en réponse à la malédiction lancée sur sa tête par le congrès des rois, leur eût dit ce qui était au fond de son cœur : « J'ai cru, en m'asseyant au milieu de vous, faire ce qu'il fallait pour réorganiser la France et l'Europe ébranlées : j'ai voulu concilier les trônes et les peuples ; j'ai cru avoir reçu de la Providence la mission de médiateur entre le passé et l'avenir... Et vous, père de ma femme ! Et vous, autocrate, à qui je rendis une armée captive ! Et vous, fils du grand Frédéric, qui reçûtes de moi votre monarchie tout entière envahie ! Vous tous, rois aveugles, vous blasphémez mon nom ! Vous me rejetez du sein de de la société ! La mesure est comble, et je vous rejette à mon tour loin de moi. L'Empereur de France n'est plus ! Le roi d'Italie n'est plus ! Le consul seul ressuscite et vous renvoie vos malédictions. Il ne s'agit plus d'une guerre entre des dynasties, mais d'une guerre à mort entre le pouvoir héréditaire du vieux monde et le pouvoir constitutionnel du nouveau. Le peuple, dont je redeviens le chef électif, rompt à jamais tout pacte avec les trônes de droit divin : vous avez proscrit le grand médiateur. Malheur à vous !

Si telle avait été la réponse de Napoléon, dans les vingt-quatre heures, au lieu de tant de partis en France, il n'y en aurait eu plus que deux : l'immense parti de la Révolution et l'imperceptible parti de l'ancien régime... Mais la guerre ne fut qu'entre dynasties, l'une nouvelle et seule, toutes les autres anciennes et armées..... Napoléon dut succomber. »

La cérémonie du Champ-de-Mai eu lieu le 1er juin : ce fut le dernier triomphe du Grand Empereur ; il le partagea avec ses frères, qui se trouvaient, les princes Joseph et Jérôme à sa droite, le prince Lucien à sa gauche.

> « Demain, c'est le sapin du trône,
> Aujourd'hui, c'en est le velours ! »

a dit le poète.

Le 12 juin, l'Empereur quittait Paris pour se rendre à la tête de ses armées et envoyait le prince Lucien auprès des Chambres comme commissaire impérial.

Waterloo arriva, foudroyant Napoléon, livrant la France à l'anarchie parlementaire avant de la donner aux Bourbons, et permettant au chef de la famille des Rotschild de gagner 20 millions par un coup de bourse qu'on peut qualifier d'habile, mais pas, à coup sûr, d'honorable !

Le 22, l'abdication de l'Empereur fut obtenue, grâce aux perfides intrigues de l'abominable Fouché.

Deux hommes s'opposèrent de toutes leurs forces à cette abdication : ce furent le prince Lucien et..... le grand Carnot.

> « L'excellent Carnot, écrit Thiers, ému jusqu'aux larmes, s'imaginant que tout le monde sentait comme lui, soutint qu'il fallait. ainsi qu'on l'avait fait en 1793. créer une dictature révolutionnaire et la confier, non pas à un comité. mais à Napoléon. devenu à ses yeux la Révolution personnifiée. »

Le petit-fils, qui proscrit les descendants de Napoléon, ferait bien, dans le temps que lui laissent libre ses voyages, de relire un peu l'histoire de son aïeul !

Le prince Lucien, comme Carnot, s'opposa avec la dernière énergie à cette décision de son frère. Lafayette lui ayant déclaré insolemment à la Chambre des représentants : « Dites à votre frère de nous envoyer son abdication, sinon nous lui enverrons sa déchéance ! » Lucien lui avait répondu : « Et moi, je vous enverrai La Bédoyère avec un bataillon de la garde ! »

Quand il rapporta à son frère cette audacieuse sommation, il l'engagea de toutes ses forces à dissoudre cette Assemblée et à créer une dictature militaire, qui jamais n'eût été aussi légitime.

Ce jour-là, Messieurs, S. A. I. le prince Lucien Bonaparte se montra aussi républicain que le grand Carnot !

Napoléon refusa de suivre les conseils de son frère et de Carnot. « Si, comme à Saint-Cloud, disait-il, je jetais les discoureurs par la fenêtre, l'armée applaudirait et je pourrais me sauver ; mais je ne pourrais pas, comme au 18 Brumaire, sauver la France. Je tenterai tout pour elle ; je ne veux rien tenter pour moi ! »

Et le prince Lucien dut écrire, sous la dictée de l'Empereur, l'acte d'abdication.

La Chambre des représentants devait, d'ailleurs, reconnaître bientôt la justesse de ce mot de Napoléon : « Ce n'est pas en faveur de mon fils, mais des Bourbons que j'abdique. »

Dans ce drame grandiose, ce Parlement semble jouer le rôle comique qui égaie d'ordinaire les pièces de Shakespeare.

Après avoir demandé à cor et à cris l'abdication de Napoléon, quand elle l'eut obtenue, cette Assem-

blée fut prise d'un attendrissement : plusieurs
membres en pleurèrent.

On employa quelques instants, écrit Thiers, à échanger
des expressions de compassion, de gratitude et de regret.
On avait été poussé pour ainsi dire malgré soi à ce qu'on
avait fait et on commençait à sentir confusément que ce
n'était pas le triomphe de la Révolution et de la dynastie
impériale qu'on venait d'assurer, mais celui des Bourbons. C'était une œuvre singulière accomplie de la main
de ces représentants, tous complices ou partisans de la
Révolution du 20 Mai.

Vraiment, Messieurs, cette Assemblée était mûre
pour le coup Etat !

Avant de quitter la France, Napoléon s'était retiré
à la Malmaison.

Dans le parc, écrit un témoin oculaire, autour du châ-
teau, sur le gazon, bivouaquaient les débris de ces invin-
cibles grenadiers de la garde impériale, qu'on a si justement salués du nom d'immortels. L'âme contristée, l'œil
morne, soucieux, leur attitude gardait l'empreinte du
courage et de la colère. Je lisais sur leur fronts, dont les
muscles se contractaient, rapprochant leurs sourcils, qu'ils
n'avaient pas d'autre volonté que celle de défendre leur
idole jusqu'à la dernière extrémité et de mourir pour lui.

Le bruit du canon réveilla le génie de l'Empereur ;
et, devant le plan de campagne des alliés, voyant le
point faible où il pourrait les battre, il proposa à la
commission exécutive de livrer une dernière bataille,
après laquelle il se retirerait à l'étranger. La lâcheté
des membres de cette commission opposa un refus à
cette suprême demande.

Napoléon, alors, alla réclamer à l'Angleterre un
abri : celle-ci lui donna un tombeau !

Le jour de l'installation du gouvernement provisoire, le prince Lucien reçut l'ordre de sortir du territoire français.

Comme, à son retour en France, il avait remis toute sa fortune entre les mains de l'Empereur dans le but patriotique de subvenir aux besoins des armées, Napoléon donna l'ordre à Fouché de lui verser 250,000 fr. : avec sa terre de Canino, c'était toute sa fortune.

Le prince Lucien se rendit d'abord à Boulogne avec l'intention de rejoindre son frère en Angleterre, mais ayant prévu la conduite que cette puissance tiendrait à l'égard de l'Empereur, il résolut de retourner à Rome.

Ce voyage fut plein de dangers, car sa tête était mise à prix ; à Bourgoin, il fut arrêté par les alliés et cette circonstance peut-être sauva ses jours : Louis XVIII l'eût fait fusiller ; les alliés le conduisirent à Rome, avec défense de s'en éloigner, même temporairement.

La mort de Napoléon fit lever cette défense ; mais les portes de la France lui furent toujours fermées et le 30 juin 1840 il mourait à Viterbe, à l'âge de 65 ans.

De Viterbe, ses cendres furent transportées à Florence, où la princesse Alexandrine, sa veuve, lui fit élever un magnifique mausolée avec l'épitaphe suivante :

Ci-git

Lucien Bonaparte, fils de Charles Bonaparte

et de Lœtitia Ramolino

Né en Corse a Ajaccio l'an 1775

Religieux. — Savant. — Charitable

Messieurs,

Le but que je me suis proposé est atteint, si j'ai pu faire passer dans vos âmes un peu de l'admiration que j'ai éprouvée en étudiant cette vie si belle du prince Lucien Bonaparte.

Si Napoléon personnifia le génie, Lucien eût pu personnifier la raison : aussi, l'accord entre eux ne fut-il pas toujours parfait.

Ce qui frappe chez Napoléon, c'est le côté surhumain ; quand on parcourt cette merveilleuse épopée que fut sa vie, on éprouve ce saisissement que cause toujours une œuvre inspirée. Chez lui, ce qui force l'enthousiasme, c'est cet ascendant énorme d'un homme sur d'autres hommes, cette sorte d'hypnotisme permettant à un grenadier, emporté par le courant de la Bérésina, de crier à quelques secondes de la mort : « Vive l'Empereur ! » et de mourir heureux, parce que, sur la rive, Napoléon lui avait donné un dernier regard.

Ce qui plaît, au contraire, en Lucien, c'est le côté humain. Ce que j'aime en lui, c'est le républicain convaincu, qui s'exila avec la République et toujours refusa un royaume ; c'est l'ami fidèle que Napoléon retrouva aux heures périlleuses ; c'est l'homme de bon conseil qui eût sauvé l'Empereur si l'Empereur eût voulu être sauvé, c'est l'ami des lettres et des arts qui demanda à la poésie de consoler son exil ; c'est surtout l'homme de cœur qui préféra à toutes les puissances les beaux yeux de la princesse Alexandrine, qui fut vraiment digne de l'amour de ce grand homme.

En terminant, Messieurs, laissez-moi exprimer un

vœu qui, je le sais, a toutes les chances du monde de rester longtemps platonique.

J'estime que la République Française s'honorerait grandement en allant chercher à Florence les cendres de celui qui fut un grand patriote et un grand républicain et en les transportant aux Invalides, dans ce temple triomphal qui semble avoir été édifié par le plus grand de nos rois à la mémoire future du plus grand des Empereurs !

Le peuple de France apprendrait ainsi que la République est assez forte pour se mettre au-dessus des préjugés et assez juste pour rendre l'hommage qu'ils méritent aux citoyens qui, toute leur vie, aimèrent passionnément la patrie et honorèrent l'idée républicaine — qu'ils s'appellent Carnot qu'ils aient nom : Bonaparte !

Caen. — Typ.-Lith. A. Le Boyteux, rue St-Pierre, 102 et 116